百年饼模民俗记忆

有模有样

绿了红了 编著

广西民族出版社

图书在版编目（CIP）数据

有模有样：百年饼模民俗记忆 / 绿了红了编著. —南宁：广西民族出版社，2018. 8
ISBN 978-7-5363-7213-9

Ⅰ. ①有… Ⅱ. ①绿… Ⅲ. ①糕点—模具—文化—中国—图集 Ⅳ. ①TS971.29-64

中国版本图书馆CIP数据核字(2018)第109593号

YOUMU YOUYANG
有模有样
BAINIAN BINGMO MINSU JIYI
百年饼模民俗记忆

编　　著：绿了红了
出 版 人：石朝雄
策　　划：朱俊杰
责任编辑：吴柏强　卢悦宁
特邀审定：梁秋芬
责任校对：李巧灵
装帧设计：姚　庆
责任印制：黄绍红
出版发行：广西民族出版社
地址：广西南宁市青秀区桂春路3号　邮编：530028
电话：0771-5523216　传真：0771-5523225
电子邮箱：bws@gxmzbook.com
印　　刷：深圳市国际彩印有限公司
规　　格：787毫米 ×1092毫米　1/16
印　　张：11.5
字　　数：350千
版　　次：2018年8月第1版
印　　次：2018年8月第1次印刷
印　　数：1～2000册
书　　号：ISBN 978-7-5363-7213-9
定　　价　98.00元

福
餅

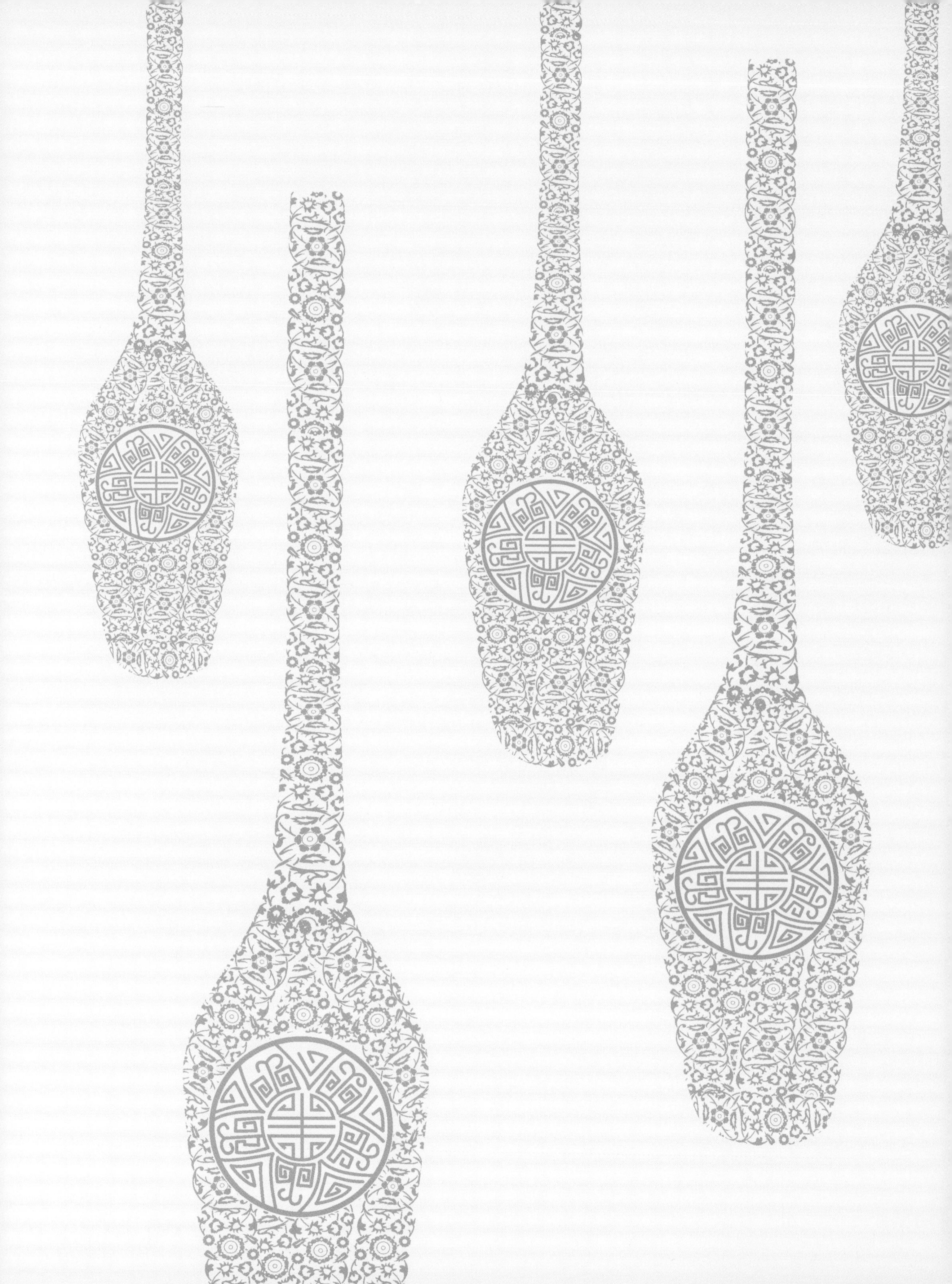

饼模里的吉祥档案

◎ 绿了红了

几千年来，吉祥文化一直是中国文化的一大特色。吉祥纹饰在衣食住行中的大量生动使用，无不折射出中国人共通的、浓厚的崇吉心理。而这些纹饰，也成为世世代代中国人期盼吉利生活的心灵慰藉。

吉祥文化同样渗透在糕饼文化当中。饼模又称饼印，是传统糕饼的生产模具，也是几千年来中国民间传统审美意识的物化载体之一，其常用的装饰花纹，不仅题材丰富，技法巧妙，而且“图必有意，意必吉祥”，不同的纹饰表达不同的吉祥内涵。

这本书将向读者们呈现一百多年来的经典饼模，它们历经时光的精打细磨，承载着纯粹的吉祥愿望，散发出浓郁的中国味道。其中，月宫蟾兔类饼模尤为精美，也最为常见，几乎与月亮有关的神话元素，诸如嫦娥、月宫、桂树、玉兔等都在饼模上得到巧妙运用，这是美好传说的延续，也是对家庭团圆的热盼。月饼饼模的演变在一定程度上代表和引领了饼模民俗艺术的发展。人物故事类饼模则雕刻了财神爷、土地公、福禄寿三星、状元、文曲星、善财童子等形象，体现了人们尚德、尚吉、尚美、尚善的精神追求。吉祥文字类饼模则通过饼模上雕刻的吉祥文字，表达了对健康快乐富足生活的吉祥愿望。瑞兽杂宝类饼模的花纹最为丰富多样，无论是神话传说中的吉祥神兽，还是日常可见的花鸟虫鱼，都表现得亲近欢喜。手艺灵巧的匠人把它们的形象一一雕刻入模，根据这些形象的生物属性，人们借物言志，寄托了祈求吉祥平安的愿望。花草果蔬类饼模上的图案则大多来源于日常生活所见的植物及其果实，通过匠心处理，表现出高于现实的艺术效果。

书中收录的饼模造型各异，图案或精致，或粗拙，除具有智慧巧妙的民俗实用性外，还立体多维地体现出民间无比丰富的想象力和创造力，更凝聚和蕴含了精彩纷呈的中国吉祥观念以及民间趣味，是各民族生活智慧、审美观念、生命意识、地域情怀、节日礼俗的记录。这些百年民俗记忆与我们内心深处熟悉的中国文化情结相契合，构成了中国人所特有的心灵姿态和生命律动。在一定意义上，饼模不仅是民间民俗文化符号的一种载体，更是中国吉祥文化的一种实物档案。

一枚老饼模，就是一页吉祥档案。

让我们慢慢欣赏这些老饼模，聆听一个个吉祥故事，翻阅一页页吉祥档案。

目录

那些从古到今的糕饼

每一块家乡的糕饼，
都有独一无二的味道，
饼皮、饼馅、饼屑，以及饼香，全都是细细碎碎的百味乡愁。
有时候，我们的味蕾比我们更懂得家乡的方向。

说到饼模，就不能不说糕饼。

糕饼历史源远流长，不同时期、不同民族、不同地区的糕饼品种，侧面反映出民间精彩纷呈的生活。糕饼不仅可以满足人们的食欲，增添节日的欢乐气氛，还能满足人们祭祀祈福、传递感情的心理需要。千百年来，经过历代劳动人民的“培植”和“浇灌”，中式糕点以其高超绝伦的精湛制作工艺、丰富多彩的花色品种、色香味形俱佳的特色而闻名于世。

天地和谐生万物，中国大地广袤、物产丰饶，造就了南北谷物的丰富，也为糕饼制作的千变万化打下了良好基础。由麦类、米类、豆类、肉类、糖类等衍生出来的糕饼，在不断发展演变的悠久历程中，以香、甜、咸、酥、软、松、韧、糯、脆等美妙口感，以圆形、方形、三角形、条状、塔状、球状、柱状等万变形状，以白、红、黑、紫、绿、粉、黄等丰富色彩，给各族人民的日常生活平添了许多幸福感。一口糕饼，往往就是一口幸福的味道。

商周　相传当时征战频繁，而用兵之道贵在神速。为了减少行军途中架锅做饭的时间，军中出现了一种便于久储及随身携带的干粮，这就是最早的糕点。

春秋　在正式场合的饮食被细分为饭、膳、馐、饮，馐就是用粮食加工而成的美味糕点。

战国　我们所熟知的屈原大夫已经能够吃上一种叫作“蜜饵”的甜饼。

三国　出现了最早的馒头。俗传诸葛亮南征孟获，渡泸水时，因邪神作祟，所以他令人用面裹牛羊豕肉，代替人头以祭，至此始有馒头。之后，作为面点的馒头迅速传及后世。

西晋　《太平御览》中介绍民间祭祀所用的面点时说：“夏祠用乳饼，冬祠用白环饼。”面点逐渐开始有了早期的花色。

南北朝　市面上已经出现了烧饼、髓饼、膏环、白饼、细环饼，这个时期真正有了发面饼。

隋朝　糕饼的叫法已经五花八门了，如折花鹅糕、紫龙糕、滑饼、含浆饼、乾坤夹饼、千金碎香饼、云头对炉饼、寒具等。

唐朝　盛世之中必有“盛装”糕饼，这个时期的人们已经极有口福。月饼、水晶龙凤糕、金乳酥、曼陀样夹饼、双拌方破饼、酥蜜、加味红酥、雕酥、小天酥、八方寒食饼、含香栗糕、九重糕等糕饼花样繁多、口味精致，体现了这个时期经济繁荣、社会富庶的现实。

宋朝　糕饼品种越来越多，制作工艺更加进步。民间已出现糍糕、蒸糕、髓糕、油蜜蒸饼、乳饼、胡饼、蜜糕、芝麻团子、炊饼、牡丹糕、荷叶糕、芙蓉饼、梅花饼、甘露饼、酥皮烧饼、酥油饼、薄脆、糍团、乳糕、栗糕、枣糕、重阳糕、镜面糕、小甑糕等。

元朝　除了延续前朝的糕饼，还多了一些北方少数民族的糕饼，比如卷煎饼、糕糜、柿糕、金银卷煎饼、高丽栗糕、白热饼子、酥蜜饼、七宝卷煎饼、驼峰角儿、山药胡饼等。

明朝　这个时期可以称得上是我国糕饼文化发展进步最大的时期。花样品种愈加丰富，出现了裹糕、夹沙糕、松子饼、酥饼、烧饼面枣、雪花饼、五香饼、酥儿印、椒盐饼、芋饼、白酥烧饼、薄荷饼、麻腻饼子、松糕、素油酥饼、到口酥、柿霜清膈饼等。

清朝　中国糕饼发展的鼎盛期。这个时期，糕饼制作工艺精巧，花色口味丰富，各地糕点逐渐形成八大派。各派名点千姿百态，代表性的有烘饼、香蕈蘑菇馅素包子、红白蜂糕、油炸果、江米果馅甑糕、三角儿炸焦、排叉糖麻花、马鞍烧饼、油炸糕、糖耳朵等。

民国　仅仅是民间的美味糕点就达20多样：片饽饽、荷叶夹、月牙饼、一品鸳鸯、炉干菜饼、炉牛郎卷、蒸菊花饼、盘丝饼、蝴蝶卷等。

今天我们能吃到的糕饼，品种、口味、花样、工艺更加繁多精进，呈现出空前的丰富多彩。而糕饼成为一种真正的美食，与其美器——饼模是分不开的。人们对器物的优化，其实是对生活品质的一种审视和追求。真正的甜蜜和幸福，往往从美食与美器之间慢慢开始。

那些饼香里传递的礼俗

手工糕饼不仅值得回味，
更值得守护。
当我们走在抵达美好的人生途中，
食与礼，
能使我们在路上不孤单；
能使我们在沉闷暗淡的日子里“扑哧”一下，
笑出声来。

在古时，糕饼曾经在中国人的生活中占据着一定的地位。

无论高低贵贱，人们从小到大再到老的一生之中，总要跟这样或那样的糕饼产生密切的联系。

生日是一次家庭的节日。在这一天，人们通常会吃上一两个喜蛋、一两块喜饼。古代还注重成人礼，男子有冠礼，女子有笄礼。成人礼对每一个人的成长都具有相当重要的意义。在这天，长辈往往会亲手制作喜糕，以示庆贺自家有子（女）初长成，亲朋好友也会以喜糕相赠，祝福晚辈长大成人。婚聘礼更是少不了喜饼，中国人特地把结亲的过程分为六个阶段，古称“六礼”，即纳采、问名、纳吉、纳征、请期、

亲迎。在提亲、娶亲的时候，人们都必须或拎或挑着贴双喜字样的礼奁，送去双喜饼；洞房花烛夜时，新郎新娘共饮合欢酒之后，还要共尝“龙凤呈祥”双喜饼，以示从此成为一体。成家之后要立业，金榜题名亦是人生四大喜事之一，人们除了敲锣打鼓、吹唢呐、放鞭炮，还要互赠福饼，以示热烈祝贺，福气共沾。而事业有成、加官进爵时，更是要大摆筵席，派送禄饼，期待年年高升。而寿饼、寿桃作为饱含长寿寓意的糕点，在南宋时就已出现了。到了清代，有蒸制寿桃也有烤制寿桃，一般寿宴所用的主食是由蒸锅铺供应的桃形扁馒头，馒头面上的图案为吉祥的“五蝠（福）捧寿”。

不论是春节、端午、中秋、重阳等节日，还是家族中的婚嫁、生子、做寿、迁居等喜事，或是日常走亲访友、家族祭祀，人们往往要拎一袋糕饼相赠。经过岁岁年年的不断演变，糕饼的内涵丰富了：它有时候只是一种单纯的食品，有时候是一种祭祀艺术品，有时候是一种吉祥气氛的象征，有时候则是一种礼俗文化的载体。

礼天、敬地、孝亲、爱人——这些中国人自古以来所遵循的传统礼俗，也同样是糕饼的传统礼俗，糕饼文化传递了一种浓郁的人伦之道。即使在今天，这种礼俗

仍然是有价值的。饼模作为制作糕饼的主要工具，在其发展演变过程中，也自然而然地承载了糕饼礼俗文化与吉祥文化的内涵，并集中体现在饼模雕刻的图案纹饰中。

传统饼模因此同样体现了中国人最为热衷的、早已渗透进生活方方面面的吉祥文化。古人云："吉者，福善之事；祥者，嘉庆之征。"在中国人的心目中，吉祥就是好兆头，就是事事顺心、大吉大利。饼模上多刻有象征吉祥如意的花卉果蔬、瑞兽祥禽和仙人宝物，如百合花、灵芝、万年青、牡丹花、宝瓶、元宝、龙凤、蝙蝠、喜鹊等。以这些中国传统的吉祥文字、吉祥图案作为传达祀神辟邪、祈求吉祥心声的道具，具象化地体现了人们对传统吉祥文化的精神追求。

三 饼模与历史

那些从古到今的饼模

每一个饼模都像一面镜子，
人们生活中的想法、回忆、喜好、期盼，
都投影在饼模的故事里。

饼模俗称饼印，是制作糕点、馍馍、饽饽、粿、粄、粑粑的工具模具，流传至今的多为明清和民国时期的手工木制老饼模。它们镌刻着岁月的痕迹，承载了南北大地流转在唇齿间的丰富情感与文化记忆。

饼模是糕饼发展到一定阶段才出现的。

起初，人们以手为模，用手捏出饼。月饼面没有花纹，仅仅是简单的圆形或者菱花形，甚至到了清朝也还有手捏月饼。当时的大学子袁枚在其美食专著《随园食单》中记载，他曾经用轿子请别人家的女厨来家里做月饼，“看用飞面拌生猪油子团百搦，才用枣肉嵌入为馅，裁如碗大，以手搦其四边菱花样。用火盆两个，上下覆而炙之”。

后来，人们把印有图案的纸贴在饼面上，以增加糕饼的美感。

再后来，人们从其他民间工艺得到旁通启发，逐渐修木为模，烧泥为模，将模具压在月饼之上，或是用模具敲出糕饼，印出吉祥图案。这便是饼模的雏形。

饼模的制作，初期是简单的。随着人们审美意识的增强，饼模渐渐有了造型、规格、图案、风格、雕刻刀法等的差异，饼模的类别与品质也走向多彩和精致，催生出了一种朴实的糕模雕刻艺术，并逐渐演变为民间传统文化的一种物化形式。

中国地大物博，“十里不同风，百里不同俗”。由于地域文化的不同，不仅饼模的造型、图纹、材质各异，称谓也五花八门。在北方一些省份，饼模多称模子、范子，在广东等粤语地区多称饼印、饼模，在江浙地区多称糕印、糕版、印糕版，在山东地区多称磕子、卡子、鏊儿，在山陕地区多称为榼子，在福建沿海和台湾地区则多称粿印，客家人地区多称粄模，而在江西、湖南、湖北的一些地方，人们则把饼模称为糍粑模、粑印或粑粑印。

无论称谓如何有别，无论是根植于北方的面食糕饼文化，还是南方的米食糕饼文化，饼模都具有作为糕饼、馍馍、饽饽、粿、粄、馓、粑粑及其他糕点模具的共性，都承载着中国几千年传统饮食文化、吉祥文化和礼俗文化的积淀，蕴藏着淳朴的民风民俗。可以说，饼模不仅见证了时代的变迁，更凝聚了世代先民们祈福纳祥的审美情趣和朴素情感。

四 饼模的分类

那些饼模里的民俗模样

人与自然是一种很亲密的关系，

雕模匠人遵循的是尊重自然、顺应自然的原则，

了解饼的诉求，了解木的脾性，

顺着木的特点去雕刻制作饼模。

因为有了这样颇具匠心的饼模，

所以手作糕饼才同时拥有了打饼人与匠人之魂。

民间糕模流行于全国各地，由于风俗习惯的不同，各地饼模品类丰富，有的大如盘，有的长逾尺。按照不同的划分标准，饼模可以分为不同的类别。

按功用分，饼模分为节气饼模、喜庆饼模等。如庆贺婚礼用“龙凤呈祥”饼模，祝贺升官加爵用“天官赐福”“禄星”饼模，庆贺生子、乔迁用“福星”饼模，庆贺新春用 “连年有鱼”饼模，祝寿用 “寿桃”饼模，中秋用“嫦娥奔月”饼模，赶考升学则用“状元及第”饼模，等等。

按把柄分，饼模分为柄式饼模、板式饼模。前者有柄，后者无柄。

按形状分，饼模分为方形模、圆形模、长方形饼模、多角形饼模、椭圆形饼模、碗形饼模、异形饼模、象生形饼模、擀形饼模等。饼模形状指的是模板外形，其中象生形饼模是依图案形状而制，比如以人物、动物、植物等图案形状雕制的模板就称为异形饼模或者象生形饼模。擀形饼模比较罕见，形状为擀棒状，棒

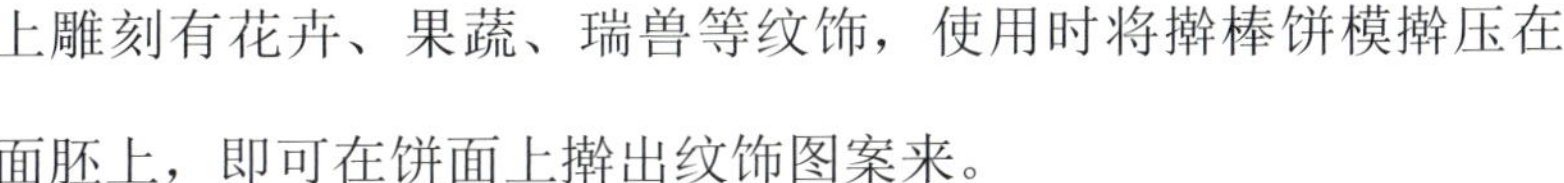

上雕刻有花卉、果蔬、瑞兽等纹饰，使用时将擀棒饼模擀压在面胚上，即可在饼面上擀出纹饰图案来。

按材质分，饼模分为木制饼模、陶制饼模、瓷制饼模、石制饼模、锡制饼模等。

按花式分，饼模分为单孔、双孔、三孔、四孔、多孔饼模，即在一块饼模板上阴刻有单个或多个凹形图案的饼模。其中多孔饼模多达 5 ～ 30 余孔，甚至有 45 孔之多的。双孔以上的饼模图案多有传统的组合意义，比如“福禄寿喜”四字联排，寓意福禄寿喜四全；又如寿桃与寿字组合，为“寿比南山”。

饼模还可分为合模式、揭盖式、双面饼模，以及印戳式饼模。合模式饼模是左右各阴刻、阳刻一个图案，二模一合，即可将糕饼或者馍馍压成一个完整造型，如扇形或其他带花饰的糕饼。揭盖式饼模是在一块长方形模板的上下各雕刻一个图案，中间加一块镂空模板，镂空模板往上合为一个饼模，往下合则为另一个饼模。双面饼模的模板较一般的饼模更厚，双面各雕刻一个

图案。此三种饼模，在兼顾造型与品类的基础上，还能节省木料，体现了前人的生活智慧。

按图案分，分为人物类、动物类、植物类、器物类、文字类饼模等。其中，南方地区饼模多小巧精致，北方地区饼模较为粗犷扎实。人物类饼模多以雕刻财神、福禄寿三星、状元、天官、仙人、童子、嫦娥、将军等图案为主。动物类饼模多以雕刻十二生肖、凤、龟、鹤、鹿、麒麟、蝙蝠、鲤鱼、金鱼、狮子等图案为主。花果类饼模多以雕刻莲花、桃子、荔枝、松柏、树叶、莲蓬、缠枝花等图案为主。器物类饼模多以雕刻花瓶、元宝、如意、银锭、葫芦、花篮、灯笼等图案为主。文字类饼模多以雕刻吉祥文字为主，如“寿比南山”“福如东海”“五谷丰登”“连中三元”“金玉满堂”“花好月圆”等。也有图文并茂类的饼模，如雕刻如意图案配“年年如意”文字，又如雕刻菊花或龟形图案配“寿”字，寓意长寿吉祥等。

饼模图案的外沿多以有规则的花边图案作装饰，不仅造型精简，还具有浓郁的民俗装饰性，更便于在制作时糕饼脱模。

那些饼模里的手工民艺

匠人是靠手和心活着的人。
几百年来斗转星移，
他们传承着老祖宗留下来的口诀，
每刻一刀都力道均匀，
每下一刀都精准不偏。
日子重重复复，
手艺的过程繁复漫长，
只为刻一枚饱含心血的木质饼模。

传统手工饼模以木制为主，其制作工艺和风格也是各地相异。

每年的中秋节前夕，雕刻饼模的手艺人都会忙得不亦乐乎，他们制作的饼模既用于家庭自制月饼，也用于作坊的批量生产。

在中国的福建、广东、天津、山西、广西等地，制作饼模的历史已有数百年，尤其是一些村镇，几乎所有居民都具有雕刻饼模的好手艺。还有一些家庭，祖辈几代人都以此为业，以此起家。诸多中国民间技艺与味道，就是这样一代传一代，成为世代乡愁与血脉的一部分，哪怕再细微，也能使后世人循味而来，循迹而至。

传统饼模的制作共有五道工序。

第一道工序是选料，南方北方都喜欢用果木雕刻饼模。果木木纹纤细、板面光滑，横竖纹理差别不大，不仅易于雕琢，而且不易开裂，便于保存，经久耐用。果木之中杜梨木最佳，枣木、杏木次之。

第二道工序是开方，将木料锯成几十厘米厚的模坯，刻出大概的外形轮廓，一刀一刀凿出饼模凹孔。

第三道工序是开边牙，要刻出整齐光滑美观的牙边纹或菊花纹，既增强月饼的装饰性，又便于糕饼顺利脱模。

第四道工序是打气眼，留下排气孔，饼胚打下去时便于空气排出，使饼造型饱满。

第五道工序是精雕细刻，这是饼模制作的重头戏，根据事先定好的内容和形式，在饼模上雕出花草虫鱼、人物瑞兽等吉祥图案和寓意美好的文字。

2013 年初夏，我与百年制饼世家传人薛春雄先生同去灵山县，拜访一位专事饼模雕刻 40 年的李师傅。在李师傅狭窄的工作间里，一截不知道用了多少年的老树蔸便是他的工作台。墙上挂满了各种雕刻刀，刀口有平、弯、宽、窄等不同样式，一问才知这些大多是李师傅自己打磨的刀

具。“自己才知道要什么刀，要宽的还是要窄的。若是雕刻一些复杂的花纹，会用到几十把不同的刀。一刀下去，要快，要深，要有力，有棱有角，样样要恰到好处……”李师傅坐在老树蔸前，一边介绍，一边比比划划。

上好的饼模要求木料好，印纹清晰、边牙均匀、字面光滑，更要脱模爽快；既要美观，更要满足糕饼实际制作的需要。“用我雕刻的饼模上好了馅，左敲一下，右敲一下，中间再一下，一个完整的月饼就打好了！”李师傅说。

据资料考证，木质饼模雕刻技艺应源自我国的木雕技艺与雕版印刷技艺。所谓物艺相通，在小到两三厘米，大到三四十厘米的饼模图案上，民间工匠巧妙地运用了镂空雕刻、浮雕、浅雕、阴雕、阳雕、立体圆雕等技法，其中以阴雕技法为主。各地优秀的传统饼模民间艺人尽管风格不同、传统不同，有的刀法粗犷有力，有的刀法细腻明快，但都能将实用、审美、趣味三者完美结合，都能在一枚枚饼模上表现出尽可能多的创意和尽可能高超的技巧。

有模有样有故事

把玩老饼模，

便如同在老时光里寻旧欢。

我们喜欢老饼模身上那种旧物的美感，

因为那上面有“人”的气息，

有“人”的存在，

老饼模即使被时光所摒弃，

其身上的生活气息，

也永不磨灭。

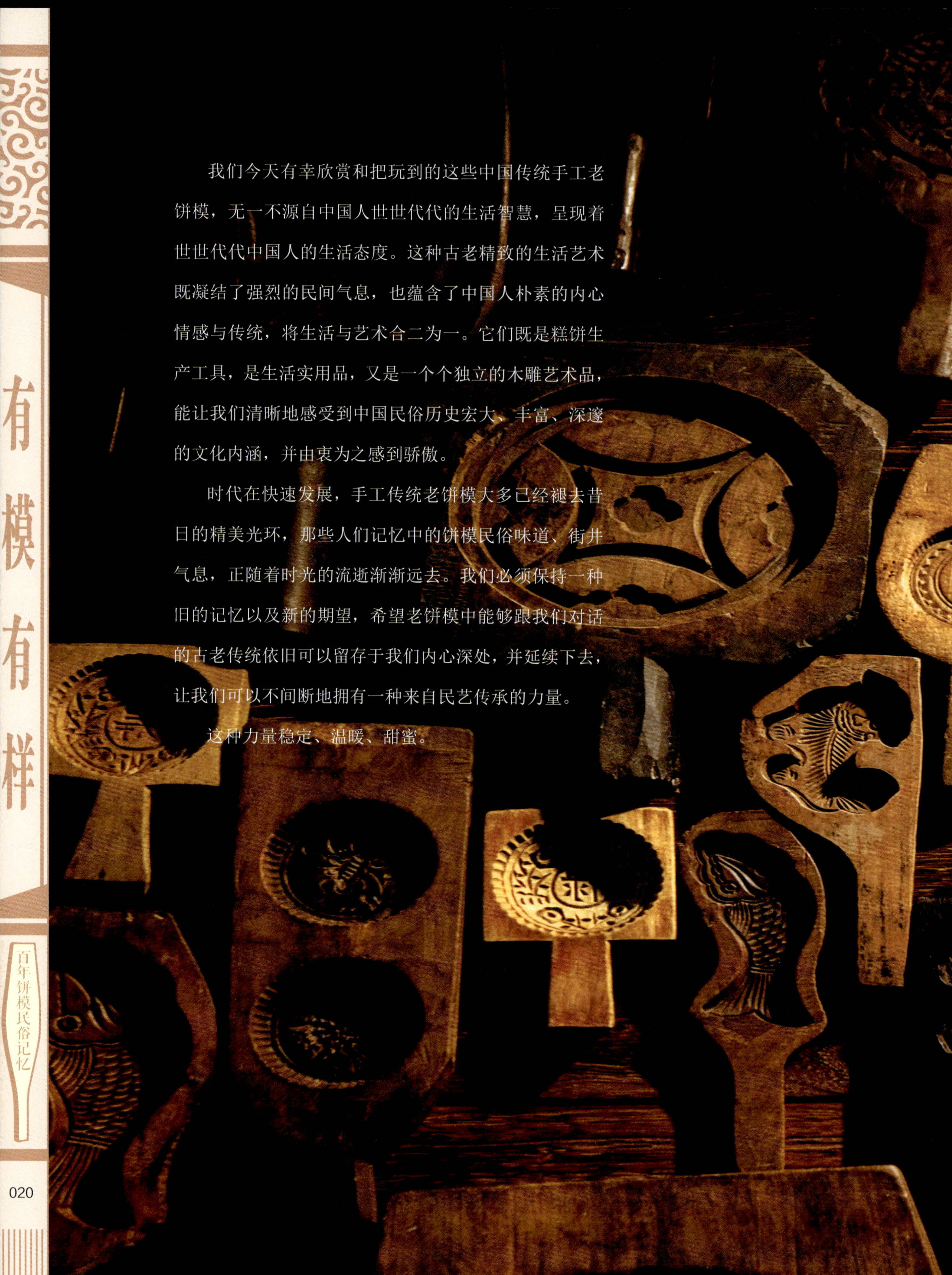

我们今天有幸欣赏和把玩到的这些中国传统手工老饼模，无一不源自中国人世世代代的生活智慧，呈现着世世代代中国人的生活态度。这种古老精致的生活艺术既凝结了强烈的民间气息，也蕴含了中国人朴素的内心情感与传统，将生活与艺术合二为一。它们既是糕饼生产工具，是生活实用品，又是一个个独立的木雕艺术品，能让我们清晰地感受到中国民俗历史宏大、丰富、深邃的文化内涵，并由衷为之感到骄傲。

时代在快速发展，手工传统老饼模大多已经褪去昔日的精美光环，那些人们记忆中的饼模民俗味道、街井气息，正随着时光的流逝渐渐远去。我们必须保持一种旧的记忆以及新的期望，希望老饼模中能够跟我们对话的古老传统依旧可以留存于我们内心深处，并延续下去，让我们可以不间断地拥有一种来自民艺传承的力量。

这种力量稳定、温暖、甜蜜。

月宫蟾兔类饼模

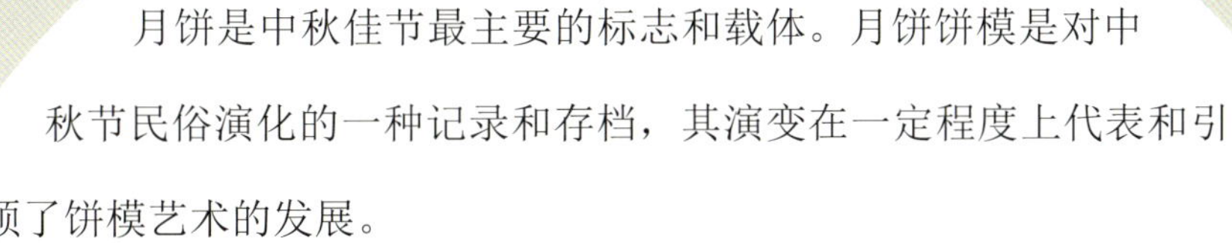

月饼是中秋佳节最主要的标志和载体。月饼饼模是对中秋节民俗演化的一种记录和存档，其演变在一定程度上代表和引领了饼模艺术的发展。

历代民间雕刻艺人在月饼饼模的纹饰选择、构图布局、细部刻画上尤其用心，因此，最精美的饼模大多是中秋月饼饼模。

在中国民间，嫦娥奔月的传说家喻户晓。清朝富察敦崇在《燕京岁时记》中有“至供月，月饼到处皆有。大者尺余，上绘月宫蟾兔之形”的记述。与月亮有关的神话传说中的人和物几乎都会被运用到模子上，其中的基础元素就是月宫琼楼、嫦娥起舞、桂树婆娑、玉兔捣药等。以月宫为背景的饼模图案是源流和主要体系，后来才逐渐衍生出其他花鸟、字符，诸如“花好月圆”“中秋”“合家团圆”等有祈福纳祥寓意的中秋饼模，生动地表现了中秋赏月的主题和人们对富贵团圆的愿望。

嫦娥玉兔纹板式饼模

规格：19cm×17cm×4cm

赏析：该模独板深刻，布局巧致，写意清晰，刻画了嫦娥在月宫中的场景。一座宫阙，一株桂树，几级玉阶，几片树叶，几颗星辰，一只玉兔在宫门外顽皮回首。宫内的嫦娥面容姣好，眉清目秀，脸如玉盘，身着宽袖宫装，头挽回心悬挂髻，手持一炷香，正在安静地祈福。图案呈现出宁静祥和的中秋主题。

蟾宫玉兔纹双孔板式饼模

规格：22cm×13cm×3cm

赏析：该饼模的主题是“广寒宫里，玉兔捣药忙”。广寒宫是古代神话中位于月球的宫殿，传说月神、月光娘娘、吴刚、嫦娥、玉兔等都居住在宫中。每逢中秋之夜，一轮明月升上夜空，月光如水洒满大地，我们抬头遥望，月亮表面云影朦胧，让人产生无数遐想。该饼模的雕法写意，寥寥几刀，主题已然明了，在我们面前出现了一座飞檐翘角的广寒宫，一只玉兔如人形站立，它双耳支起，正专注地持杵捣药。模孔边缘带牙边，雕刻了一圈细致的弯弯月牙，显得美观而规整。

月光纹柄式饼模

规格：28cm×13cm×4cm

赏析：在这个月饼饼模中，依然雕刻有广寒宫阙、玉兔捣药、台前玉阶，但更重要的中秋元素是月光，令人联想到中秋之夜月华如练，家家团圆的美好情景。

桂花玉兔纹柄式饼模

规格：36cm×15cm×4cm

赏析：传说广寒宫里有一株高达五百丈的桂花树。桂花一般在中秋节期间开花，花香浓郁。该饼模为了凸显桂花的表现力，雕刻了一圈盛开的桂花簇拥着天上的广寒宫，以及那只中国人最喜闻乐见的玉兔。

玉兔捣药纹柄式饼模

规格：17cm×15cm×4cm

赏析：与月亮有关的一切大都成为月饼饼模的雕刻元素。相传，月亮中的玉兔浑身洁白如玉，仙气十足。这只被神化了的玉兔是善良吉祥的象征，它一贯的形象是拿着玉杵，跪地捣药，研制蛤蟆丸。传说人们服用此等药丸可以长生成仙。该饼模中，广寒宫掩映在云雾与桂树枝叶中，而玉兔在欢快勤勉地捣药，体现了人们对玉兔的喜爱，以及祈祷身体健康的愿望。

合家欢乐纹板式大饼模

规格：61cm×50cm×7cm

赏析：该饼模体量硕大罕见，可一次打制16斤重的大月饼，原为广西某市五家国营饼厂共用，至今约有60年历史。每逢中秋前夕，五家饼厂轮流打制超大月饼，轮到某一家使用时便在饼模下方的弧形凹槽处放置雕刻有自己单位名称的木片，以示区分。饼模中传统的中秋元素丰富多彩，一对龙凤飞于祥云中，代表喜庆；一枝荷花含香盛开，荷上有莲，莲下有藕，寓意合欢同心；一行大雁南飞，雁自古被视为“仁、义、礼、智、信”五常俱全的灵物，象征和善；饼模中甚至还有“东方红 太阳升”的图案，这在中秋月饼饼模中比较罕见。模上刻有“合家欢乐”等字样，其中“但愿人长久，千里共婵娟”出自宋代大词人苏轼的《水调歌头》，是中秋祈福祝愿时最常用的词句。

月牙与桂花纹柄式饼模

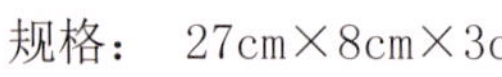

规格： 27cm×8cm×3cm

赏析：寻常的月饼模子都是圆形的，寓意团圆，以月圆兆人团圆。但该饼模别出心裁，雕刻了弦月的形象，中间点缀了三朵桂花，显得别致小巧，别有一番韵味，体现了当年雕刻人的独特匠心。

蟾宫纹陶制饼模

规格：16cm×12cm×3cm

赏析：传说中的月宫有一只蟾蜍，因此月宫也叫蟾宫。该饼模图案简拙，月宫中种着桂树，殿前有玉阶，檐下还挂着铃铛，呈随风叮当作响之态，人们想象中的月宫就是这样宁静、祥和。

寿与月齐纹板式饼模

规格： 26cm×12cm×8cm

赏析：中秋节与崇尚敬老、团圆的重阳节临近，一般中秋拜月后不久，就到了登高驱邪、祈福赏菊的重阳节了。该饼模将赏月与祝寿的元素放在同一个模子上，一模双主题，边缘都雕刻有一圈相同的月牙纹饰。

玉兔纹板式饼模

规格： 26cm×12cm×8cm

赏析：玉兔又称月兔，是中国神话中居住在月宫里的一只兔子。这对饼模一左一右，合模后正好打出一只立体玉兔，双足傍地走，栩栩如生。

人物故事类饼模

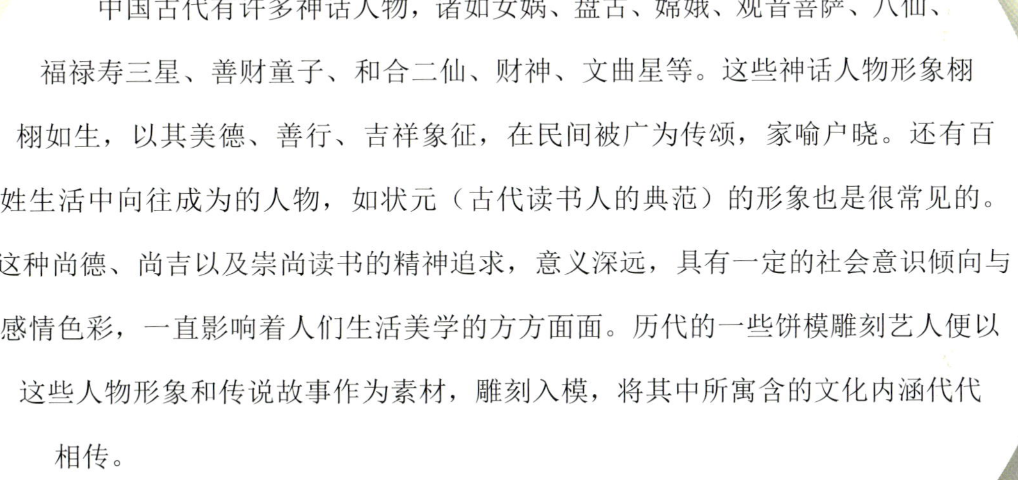

中国古代有许多神话人物，诸如女娲、盘古、嫦娥、观音菩萨、八仙、福禄寿三星、善财童子、和合二仙、财神、文曲星等。这些神话人物形象栩栩如生，以其美德、善行、吉祥象征，在民间被广为传颂，家喻户晓。还有百姓生活中向往成为的人物，如状元（古代读书人的典范）的形象也是很常见的。这种尚德、尚吉以及崇尚读书的精神追求，意义深远，具有一定的社会意识倾向与感情色彩，一直影响着人们生活美学的方方面面。历代的一些饼模雕刻艺人便以这些人物形象和传说故事作为素材，雕刻入模，将其中所寓含的文化内涵代代相传。

状元游街纹柄式饼模

规格：34cm×19cm×4cm

赏析：此饼模上手沉重，刀法简练传神，是难得一见的精品。自从有了科举考试制度，金榜题名便成为千万读书人梦寐以求的人生乐事之一。读书人一旦高中，便如“鲤鱼跳龙门”。殿试高中状元更是光宗耀祖，按例是要手捧皇诏，足跨金马，前呼后拥，光耀游街。该饼模雕刻了状元游街的喜庆场景，新科状元骑着高头大马，身穿状元服，喜气洋洋，满面春风。前面的护从高举一面状元旗帜，吆喝开路。后面的护从高擎一把象征尊贵的黄罗伞盖，紧紧跟随状元。图案虽然人物不多，但是生动地表现了热闹喜庆的气氛。

状元及第纹板式大饼模

规格：43cm×36cm×5cm

赏析：该饼模因年代久远，加上陈年的糖油侵浸，已然显出一种黝黑色。饼模中间是新科状元奉旨游街的场景，一共四个人物，前面有两位护从手持“状元”“及第”牌子，沿街开道，后面有一位护从，举着装饰华丽的华盖伞跟随，中间是主角——头戴乌纱插花状元帽、身着状元服、手持笏板的状元。整个仪仗气派有阵势，旗鼓开路，喜炮震天，令人联想到“一色杏花香千里，状元归去马如飞”。中心场景外，雕刻了两圈缠枝花纹饰，另有文字“金玉满堂”。该饼模反映人们祈盼小辈勤勉读书，日后高中状元、光耀门楣的普遍心理。

麒麟送子及鸳鸯双双纹板式饼模

规格：20cm×9cm×3cm

赏析：民间神话传说中，麒麟为仁兽，是吉祥的象征，能为人带来子嗣。因此人们普遍认为，求拜麒麟有益生育，还有“天上麒麟儿，地上状元郎”之说。该饼模上雕刻了一位长须飘飘的老寿星，手抱麟儿，送子而来，寓意吉祥。另有一孔为鸳鸯戏水图案，寓意夫妻和美。该饼模常用于婚庆喜贺。

二仙纹板式饼模

规格：25cm×11cm×3cm

赏析：这两枚饼模雕刻的是『八仙』中的二仙，上图为手持紫金箫的韩湘子，下图为手捧荷花的何仙姑。二仙身着古装，翩翩而立。

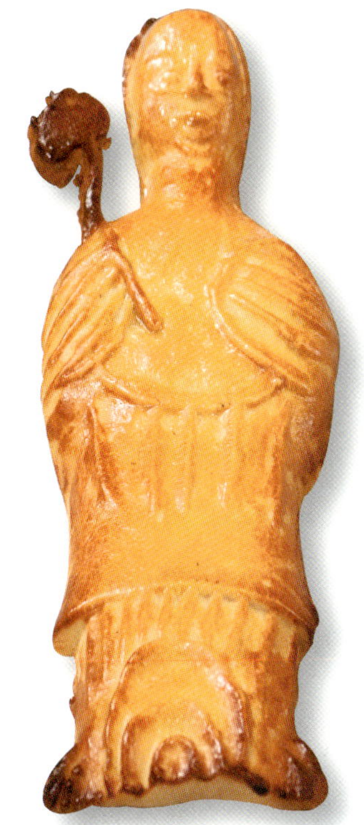

仙人纹复合式饼模

规格：26cm×12cm×3cm

赏析：这套复合式饼模一阴一阳，一正一反，使用时合二为一，便是一个站立着的仙人。虽因年代久远，饼模略有破损，但隐约可见仙人五官精细，线条流畅，衣饰华美。

福星纹柄式饼模

规格：41cm×15cm×5cm

赏析：福星是民间信仰的神仙之一，民间吉祥如意的象征，能降福于民，给大家带来幸福和希望。传统的福星形象头戴官帽，手持玉如意，身穿天官一品官服，天官赐福之说便由此而来。该饼模中的福星面相饱满，身着大袖宽袍，手持宝物，笑逐颜开，望之则喜。在我国不少地区，凡是家中有乔迁、生子、祝寿、嫁娶等喜事，必互赠福饼或福星饼。因福星饼模雕刻不易，有的小村镇只刻一个福星饼模，家有喜事便轮流借用。

禄星纹柄式饼模

规格：44cm×16cm×4cm

赏析：禄星是民间信仰中主管功名利禄的星官，不仅掌管人间的荣禄贵贱，也主管文运，是著名的文昌星（也称文曲星），乃称国神、财神、文神，能保佑考生金榜题名，保佑官场升迁，加官进爵，因此得到人们的普遍追捧和崇尚。该饼模上的禄星形象亦头戴天官帽，身着天官服，满面笑容，望之可敬。过去在崇尚禄星的地区，人们凡是官场高升，或预祝仕途有喜，必精心打制禄星饼。

寿星纹柄式饼模

规格：44cm×16cm×5cm

赏析：寿星是民间信仰中主管寿命健康的星官。明朝小说《西游记》中描述寿星是『手捧灵芝，长头大耳，短身躯』的模样。常见的寿星形象是一位白须老翁，持杖，托桃，额部隆起，作为长寿的象征。常衬托以松柏、鹿、鹤、仙桃等，象征延年益寿。该饼模中的寿星老人慈祥可亲，一手拈须微笑，一手持如意。敬老爱幼是中华民族的传统美德，人们在为老人祝寿的时候，喜欢打制寿饼或者寿星饼，以期望老人添福添寿。

福禄寿三星

规格：30cm×15cm×3cm

赏析：中国古人按照自己的理解和感受，赋予福禄寿三星非凡的神性和独特的人格魅力，千家万户常把寿星与福禄二星结合起来拜祭。福禄寿三星也因此成为最受人们欢迎的三个福神，作为民间吉祥如意的象征。《警世通言》中有“福禄寿三星度世”的神话故事。

寿星寿桃蝉纹板式饼模

规格：22cm×8cm×3cm

赏析：寿星与寿桃都有长寿健康之意，常用以祝寿。因蝉的生物特性，自古以来它都被认为是一种延绵不息的、能周而复始的吉祥生灵，在传统文化中常用来象征永生与复活。

人物方胜纹板式饼模

规格：23cm×13cm×4cm
赏析：左饼模中的人物为身着铠甲的古代将军，右饼模中的人物为身着绣夹裙的古代女子。两个饼模都雕刻有一个菱形物件——方胜。方胜原为古代妇女的饰物，方胜纹是民间传统吉祥纹样，寓意连绵、美好、同心、优胜。

太上老君纹板式饼模

规格：16cm×7cm×3cm

赏析：太上老君是民间受到香火敬奉最多的神明之一，他学识渊博且具有开天创世与救赎教化的能力，因其度人无数，故被尊称为道德天尊。

送福童子纹板式饼模

规格：18cm×6cm×2cm

赏析：在民间，人们常把童子作为纯洁美好的象征。该饼模雕刻了两组童子形象，皆眉目如画，天庭饱满。

送财童子纹板式饼模

规格：21cm×8cm×3cm

赏析：该饼模雕刻的一双童子手捧元宝，天庭饱满，神态生动，招人喜爱，望之生福，寓意连生贵子、送财送宝。

弥勒佛纹柄式饼模

规格：28cm×8cm×3cm

赏析：该饼模雕刻手法极简，刻画了一个颈戴念珠、大肚胖脸的笑佛形象，表达了人们对欢喜佛的喜爱。弥勒佛以笑容满面、豁达智慧、双耳垂肩、袒胸露腹的慈爱形象，被民间戏称为笑佛、欢喜佛、大肚佛。

寿星公寿星婆纹柄式饼模

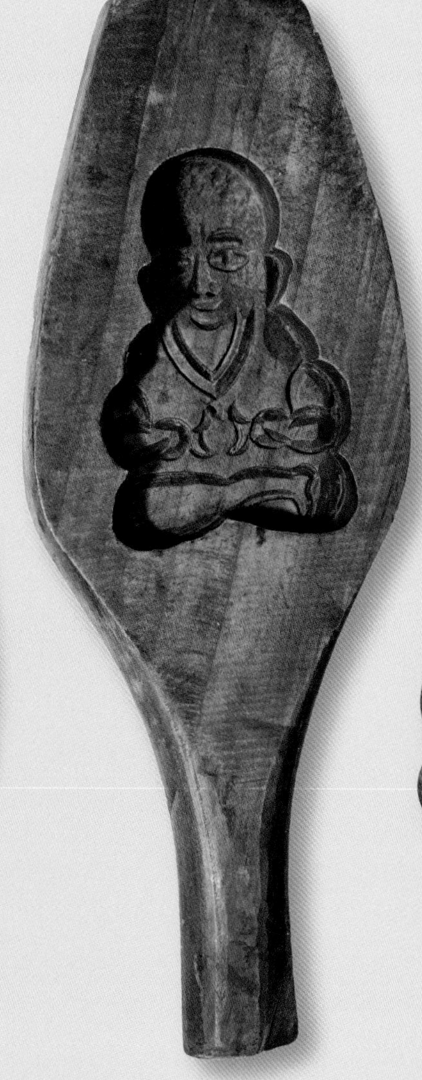

规格： 32cm×12cm×3cm

赏析：这对饼模上雕刻了一对随和、亲切、极具人情味的平民老年伴侣，寿星公胡须长长，寿星婆身着花棉袄，皆憨态可掬，诠释了民间敬老、尊老的美好愿望。也有称之为土地公土地婆、花公花婆之说，亦是祈求福佑儿孙之意。

太白金星纹板式饼模

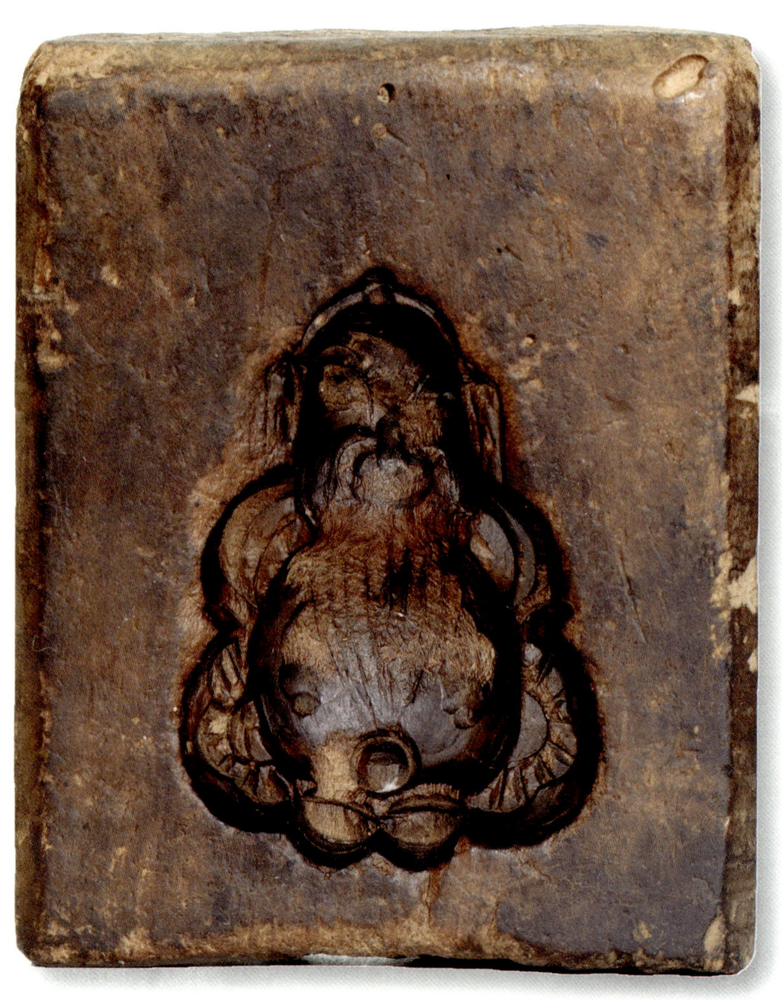

规格：9cm×8cm×3cm

赏析：太白金星是民间信仰中知名度最高的神仙之一。传说中他是一位白发长须、表情慈祥的老人，负责替玉皇大帝传达各种命令。他因忠厚善良而受到人们的喜爱。

王母娘娘纹板式饼模

规格：35cm×14cm×3cm

赏析：王母娘娘在民间信仰中有相当高的地位。相传她法力强大，并且有不死之药，能使人长生不老。饼模中的王母娘娘形象雍容华贵，凝重端庄。上方两个图案是花式首饰纹，寓意富足美好。

吕洞宾人物纹板式饼模

规格：24cm×13cm×3cm

赏析：该饼模雕刻的吕洞宾一副书生打扮，手持宝剑，形象生动。吕洞宾是民间广为流传的『八仙』之中最为人所熟知的一位仙人，俗称吕祖。传说中的吕洞宾有道行，善剑术，为人乐善好施，在民间名望很高。很多地方建有吕公祠，人们期待得到他的祝福和护佑。

铁拐李人物纹板式饼模

规格： 24cm×13cm×3cm

赏析：该饼模雕刻的铁拐李头戴金箍，胡须拉碴，眼睛圆瞪，手持葫芦，刻工简洁。铁拐李是中国传说中的人物，据传为“八仙”中资格最老的神仙。传说他精于药理，常以葫芦里的神药普救众生，恩泽乡里，深受百姓喜爱。人们用铁拐李纹式饼模打制出来的饼，多用于喜事和寿宴。

吉祥文字类饼模

古往今来，吉祥是中华民族千古永恒的愿望和追求，是中国民俗民风的一种表现。常见的吉祥文字有寿、囍、禧、祥、吉、瑞、美、熙、喜、福、禄、高、良、优、玺、庆、彩等，这些吉祥文字遍及中国人生活的各个角落，上至簪缨门第，下及陋巷蓬居，处处都能寻见其踪迹。它们组成的吉祥图案是中国传统吉祥图案中的一个重要分支，都有较强的表现张力。吉祥文字饼模就是将书法或变形字体运用在饼模上，体现书法艺术、民族艺术和传统文化相映相生的特点。单体文字纹样有“福”“禄”“寿”“丰”“财”“春”等，双体文字纹样有“囍”，组合体文字纹样有“开门见喜”“五福临门”“吾唯知足”“日进斗金”“花满三春”等。这些吉祥文字饼模代表着人们的一种祈求心理，被用来寄托美好愿望，渲染喜庆气氛，传递人间情感。

福禄寿字纹板式饼模

规格：26cm×7cm×2cm

赏析：该饼模纹饰简约，字形干净，修饰无多，望之不俗，为整版浅刻。

福寿字纹板式饼模

规格：22cm×11cm×3cm

赏析：该饼模字形饱满，气韵厚实。

福寿囍纹板式饼模

规格：23cm×7cm×2cm

赏析：福禄寿喜统称为四大贵人神，即福星、禄星、寿星和喜神，民间流传着福星赐福、禄星赐官、寿星添寿、喜神赐良缘的说法。一些地区的百姓多拜福寿喜三神，折射出一种务实适用的平民心态。此两枚饼模为浅雕，字形工整方正，为南方民间所常见。

囍字戴花纹柄式饼模

规格：20cm×9cm×2cm

赏析："囍"是民间传统吉祥图案，以两个"喜"组成，常用于装饰新人的洞房，自古流行至今。这对饼模一方一圆，其中一枚饼模上的"囍"不仅雕刻细腻，而且戴上了头花，如同新郎新娘一样，显得格外喜气洋洋，也体现了雕刻艺人的新意。

囍上加囍纹板式饼模

规格：18cm×8cm×3cm

赏析：该饼模上的“囍”构思巧妙，多喜重叠，寓意好事连连。喜上加喜，是中国人非常喜欢的好意头。

囍字纹揭盖式饼模

规格：20cm×13cm×4cm

赏析：该饼模为揭盖式，虽制作粗拙，但也体现了乡间生活的质朴之趣。

喜鹊登梅纹印戳式饼印模

规格：23cm×8cm×7cm

赏析：喜鹊登梅是中国传统吉祥图案之一，民间常把喜鹊登梅图案运用在生活中，寓意吉祥、喜庆、好运。该饼模喜鹊加“囍”字，意喻喜上加喜。

福字纹柄式饼（馓）模

规格：19cm×15cm×4cm

赏析：福字也是自古以来人们喜爱的字眼，民间将福字精描细做成各种图案，时时处处祈福、求福。该饼（馓）模为广西玉林地区所常见，制作白馓专用。

香字纹柄式饼模

规格：25cm×15cm×3cm

赏析：该饼模精雕细刻了一圈花瓣与枝叶，并点缀一个『香』字在中间，强调了糕饼之味。

天作之合字纹柄式饼模

规格：35cm×35cm×6cm

赏析：该饼模用一截直径 35 厘米的果木横截面整雕而成，厚实大方，模内刻有一圈连枝合欢花，串联“天作之合”四个字，围绕中间的一个“囍”字，为婚庆祝福所用。

花寿纹柄式饼模

规格：18cm×12cm×3cm

赏析：寿字纹是古代汉族传统纹饰之一，早已被图案化、艺术化，成为一个吉祥的符号。寿字纹有多字构图的，也有单字构图的。字形长的表示生命长久，称为长寿；字形圆的称为团寿，以其线条环绕不断，寓意生命绵延。花寿是寿字与图案的组合搭配，以寿字为主体，辅以各种具有吉祥意义的人物、花卉等，蕴含了古往今来人们对生命的热爱。

印戳式饼印模

规格：直径 7cm

赏析：印戳式饼印大多小巧可爱，使用时蘸上紫红色的天然植物染料，印戳在饼面上，添加喜气。

金玉满堂字纹板式饼模

规格：35cm×7cm×2cm

赏析：金玉满堂不仅形容财富极多，也形容学富五车。该饼模代表了人们对美好生活的期望。

锦桂楼字纹板式饼模

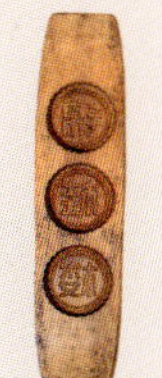

规格：22cm×7cm×3cm

赏析：此乃广西一个百年制饼世家的饼模。多数老字号饼家都会以自家字号为题，雕刻专用饼模。

馓模

规格：20cm×9cm×2cm

赏析：该馓模中有寿字纹，造型古拙。白馓是广西玉林传统小吃，也叫米花、白伞，当地人称之为白馓，取其洁白松散之意。馓模是白馓的定型工具，多用“福”、“寿”、铜钱等图案。做法是将糯米煮熟并用馓模压制成形后，白馓下油锅炸香白馓。状如圆盘，酥脆飘香，轻轻一掰即碎裂，吃起来香甜，令人回味无穷。

馓模

规格：20cm×9cm×2cm

赏析：该馓模造型拙中见巧，中有一寿字纹，因使用日久，模身锔有铁以固定。

用安字纹板式饼模

规格： 20cm×8cm×2cm

赏析：该饼模为浅雕隶书，字形工整。“用安”谐音“永安”。“安”字平卧，是民间常用的写法，寓意平安吉祥。

两旺字纹板式饼模

规格：18cm×7cm×2cm

赏析：民间常以『丁财两旺』『人畜两旺』作为吉祥祝语，该饼模刻有『两旺』二字，虽字形简朴，亦饱含祝福。

馓模

规格：20cm×9cm×2cm

赏析：该馓模造型简单稳重，中有寿字纹。把手仍系有旧麻绳，不知经年。

馓模

规格：20cm×9cm×2cm

赏析：该馓模造型厚实稳重，中有寿字纹。

瑞兽杂宝类饼模

瑞兽就是吉祥的神兽。传说中的五大瑞兽分别是貔貅、龙、凤、麒麟、龟。对瑞兽的图腾崇拜源于人类祖先的一种追崇和敬畏，表现了古人祈求平安幸福的朴素愿望。除瑞兽以外，世间万物万象、自然界的各种动植物都有不同的生态属性，人们自古以来便借物喻志，附会象征，例如“狗之不事二主”喻为“忠”，“鹿之温顺”喻为仁，“马之顺从”喻为“义”，儒家所提倡的忠孝仁义等抽象的概念就有了具体的象征物。

杂宝作为纹饰，最早出现于元代，所取宝物形象较多，常见的有银锭、犀角、火珠、火焰、火轮、珊瑚、双钱、祥云、灵芝、方胜、葫芦、书卷、笔、磬、鼎等，因其常无定式，任意择用，故而称杂宝。用具体事物来寓意吉祥喜庆，能给人最为直观的祈福印象，例如玉石、元宝象征财物，五谷、灯笼寓意五谷丰登，琴棋书画用来寓意书香雅阁，等等。

传统饼模也常常取用瑞兽杂宝纹饰，最常见的有双鱼、莲花、祥云、元宝、方胜、折枝花、双钱等。

二十五孔多宝纹板式饼模

规格：30.5cm×28cm×4cm

赏析：此饼模品相完好，饼模上雕有石榴、金钟、合欢花、书卷、灯笼、寿桃、猴子、玉兔、鱼、芭蕉叶、扇、梅花、莲花等图案，共有25孔。这些图案花纹精美，寓意祥瑞，实属罕见的精品。

花篮纹柄式饼模

规格：19.7 cm× 8.2 cm×2 cm

赏析：花篮纹是民间一种极富特色的传统吉祥纹样。传说每年王母寿辰，皆设蟠桃盛会，仙子们采花赴会。故盛满鲜花的花篮便寓意吉祥、庆贺。

蟾蜍双囍纹板式饼模

规格：9cm×7.6cm×2.2cm

赏析：蟾蜍一直被人们视为神物，蟾蜍纹也是民间传统纹样之一，寓意招财进宝，寿命长久，以及多子多福。该饼模另有一孔的纹饰亦寓意多子、多寿。

灯笼纹板式饼模

规格：21cm×7cm×2cm
赏析：灯笼亦被称为灯彩，起源于西汉时期。灯笼象征团圆，寓意喜庆，民间专门用其来营造喜庆气氛，每逢节日或喜庆的日子，便张灯结彩。

双麒麟纹板式饼模

规格：18cm×8cm×2cm

赏析：麒麟是中国传统瑞兽，性情温和，是古代的仁兽。传说麒麟长寿，能活两千年。古人认为，麒麟出没处，必有祥瑞。麒麟有时也用来比喻德才兼备的杰出人才。

麒麟纹板式饼模

规格：12cm×8cm×2cm

赏析：《礼记》有“麟凤龟龙，谓之四灵”。麒麟图案在古代常被用于公堂装饰，以显官威，亦象征权贵。

扇形书本纹板式饼模

规格： 23cm×7cm×2cm
赏析：“扇形”因与“善行”谐音，有积善成德之意。书卷纹寓意生活富足，有知识和修养。

多寿银锭纹板式饼模

规格：　25cm×7cm×2cm

赏析：“银锭”谐音“一定”，银锭纹上有“寿”，寓意“一定长寿”。“银锭”亦与“赢定”谐音。

龙纹柄式饼模

规格：19cm×12cm×3cm

赏析：该饼模中的龙造型是写意风格，富有动感。龙在民间被誉为一切动物的神，能兴云布雨，利益万物。古人认为，遇龙则顺风得利，为人上之人。

猪纹柄式饼模

规格：30cm×8cm×3cm

赏析：猪是最常用的旺财吉祥灵物之一，是财富的象征。因古代金榜题名要用红朱（猪）笔写，而“蹄”与“题”谐音，故猪纹也寓意步步高升、金榜题名。该饼模上，猪妈妈正在哺乳，六只小猪偎依在它身边吸吮乳汁。画面温馨可爱，体现了民俗生活的魅力。

荔枝公鸡凤凰纹板式饼模

规格： 25cm×8cm×2cm

赏析：该饼模自上而下的三孔图案分别为荔枝、公鸡、凤凰，按照民间习惯，当寓意大利（荔）、大吉（鸡）、飞黄（凰）腾达，其中的凤凰雕刻得生动而有韵味。

雄鸡太阳纹板式饼模

规格：22cm×7cm×2cm

赏析：“雄鸡一叫天下白”，该饼模寓意好运将到。雄鸡雕刻得神采奕奕，中间为太阳纹饰。

黄雀纹板式饼模

规格：20cm×9cm×3 cm

赏析：该饼模雕刻了一对黄雀，正扑棱翅膀欢飞。黄雀也叫芦花黄雀，鸣声清脆悦耳，因『黄』与『欢』谐音，所以黄雀常被当作欢喜的象征。民间流传，梦见黄雀是吉兆。

龙纹柄式饼模

规格：11cm×9cm×2cm

赏析：该饼模中的龙纹图饰小巧灵动，把柄造型独特。

龙凤呈祥纹板式饼模

规格：35cm×30cm×7cm

赏析：龙凤都是民间传说中的瑞兽，不仅形象生动、优美，而且被赋予许多神奇的色彩。龙象征皇权，能降雨祈丰收；凤凰典雅高贵，是吉祥幸福的化身。“人中龙凤”形容才华横溢的人，“龙凤呈祥”象征高贵、华丽、祥瑞、喜庆。

葫芦纹板式饼模

规格： 19cm×14cm×4cm

赏析：葫芦纹是中国传统文化中的一个古老符号，与文学、艺术、宗教、民俗、神话传说等关系密切，在人们心中富有深厚的文化内涵。“葫芦”谐音“福禄”，能救世济人，旺运纳福，以其多籽而被赋予子孙繁多的象征意义。民间多认为葫芦具有祈生的意义，我国南方各省区多有送瓜求子的习俗。该饼模葫芦中有福禄纹，寓意福上加福。

葫芦纹陶制饼模

规格：11cm×8cm×2cm

赏析：《诗经·大雅·绵》载：『绵绵瓜瓞，民之初生，自土沮漆。』葫芦瓜藤绵延，结瓜众多，被视为多子多孙的吉祥物。

鸡纹板式饼模

规格：22cm×8cm×3cm

赏析：公鸡是民俗中最常用的传统吉祥纹饰之一。公鸡啼鸣表示光明即将到来，也寓意好事将近。“公”与“功”谐音，“鸣”与“名”谐音，连在一起寓意功名；“鸡”则与“吉”近音，故公鸡纹饰一般寓意大吉大利。在饼模图案中，公鸡常与其他图案组合，与牡丹一组叫“功名富贵”，与鱼一组则叫“大吉大利，年年有余”。

孔雀花卉纹板式饼模

规格：24cm×7cm×3cm

赏析：该饼模为三孔，上下两孔雕刻了吉祥花卉，中间是一只羽毛俏丽的孔雀。孔雀也是传统文化中的祥禽，在民间被看作凤凰的象征。孔雀与花朵经常被用来比喻女子的容貌美丽。

少师纹柄式饼模

规格：21cm×9cm×3cm

赏析：该组饼模中的幼狮（少师）均双眼圆睁，生动活泼，憨态可掬。

虎纹柄式饼模

规格：20cm×9cm×3cm

赏析：该组饼模中的幼虎均双眼圆睁，欢腾雀跃，憨态可掬。老虎一直受到中国民间的崇拜，象征威严、正义、勇敢，是跟狮子齐名的兽王。

太师孔雀少狮纹板式饼模

规格：20cm×8cm×3cm

赏析：该饼模一共三孔，雕刻了太师、孔雀、少狮纹饰。孔雀素来有文禽之美誉，尾羽的五色圆纹似铜钱。明清两朝文官的官服上都有孔雀图案，因此孔雀一度成为官阶、职位、权力的象征。该饼模的吉祥意义是祝愿官运亨通，升官加爵。

鲤鱼花卉纹柄式饼模

规格：29cm×10cm×4cm

赏析：该饼模刻有鱼和吉祥花卉两个图案。

三宝纹板式饼模

规格：20cm×8cm×3cm

赏析：该饼模雕刻三宝，即书卷、葫芦、宝扇。其中，宝扇象征善良而有智慧。

元宝鱼纹板式饼模

规格：30cm×7cm×2cm

赏析：元宝是中国历史上的货币之一，人们物质生活中，赏赐、赋税、买卖等都缺不了它，它是财富的象征。该饼模雕刻了一个花式元宝、一条鲤鱼，体现了百姓求福求喜求安宁的愿望。

蝙蝠纹印戳式饼印模

规格：14cm×5cm×3cm

赏析：蝙蝠是民间喜爱的吉祥图案之一，“蝠”谐音“福”，有福气满满、延绵长久之意。飞翔的蝙蝠通常寓意“福从天降”“福运到来”。该印戳式饼印模规格较大，刻制精细，也属精品。使用时，蘸上植物染料，印盖在饼面或糕面上。

龟纹瓷质饼印模

规格：11cm×8cm×2cm

赏析：《礼记》中把龟、龙、凤、麟称为“四灵”，龟是长寿的象征，又是避邪挡煞、消灾避害、镇宅纳财之宝。瓷质饼模制作时间长，且易碎，不易保存，在民间使用并不广泛。

鲤鱼蝉纹板式饼模

规格：19cm×8cm×2cm

赏析：自古以来，鲤鱼寓意“富足有余”。而蝉在人们心里是一种神圣的灵物，象征纯洁、通灵、清高，被赋予了许多美好的寓意。腰间佩蝉，寓意“腰缠万贯”；蝉伏树叶上，寓意“金枝玉叶”。蝉又名“知了”，表示知道了，学习一听就会，事业一鸣惊人。蝉亦寓意“再生”。

鸳鸯纹板式饼模

规格：18cm×7cm×2cm

赏析：千百年来，鸳鸯一直都是成双成对地出现，是夫妻和睦相处、举案齐眉的美好象征，也是中国文艺作品中真挚爱情的化身，备受人们赞颂。诗人卢照邻在《长安古意》中写道：“愿作鸳鸯不羡仙。”

鸳鸯石榴纹板式饼模

规格： 17cm×7cm× 2cm

赏析：鸳鸯与石榴组合，寓意求子。

蝴蝶纹柄式饼模

规格：24cm×8cm×2cm

赏析：蝴蝶是吉祥美好的象征，也是中国民间非常喜爱的形象。“蝴”与“福”谐音。蝴蝶破蛹而出，亦被象征不朽。蝶恋花常寓意甜美的爱情和美满的婚姻。蝶之双翅美丽、轻盈、对称，常被寓意和谐美好。

蝴蝶纹板式饼模

规格：16cm×8cm×2cm

赏析：该饼模有一圈小凹孔，打制出来的糕饼面上会有凸起的小点，在民间寓意多子。

青龙纹板式饼模

规格：17cm×7cm×2cm

赏析：青龙是古代神话传说中的灵兽，属于传统文化中的四象之一，主管风调雨顺。该饼模上刻有一条青龙，脚踩铜钱，身绕祥云；下为一龙首。

花篮瑞兽钱袋纹板式饼模

规格：22cm×7cm×2cm

赏析：钱袋又称智慧袋、福袋，『袋』谐音『代』，寓意着代代有福，代代有才，招财进宝，守财兴业，万事如意，是聚财之吉祥象征，也有化煞避邪的作用。

梅花鹿葫芦莲花纹板式饼模

规格：18cm×6cm×2cm

赏析："鹿"谐音"禄"，含"俸禄"之意。"梅花鹿"与"梅花榜"也有一定联系，古代有的地区科举发榜就是梅花榜。榜上有名是从前读书人美好的愿望。"葫芦"与"福禄"谐言。莲花是吉祥花卉，寓意高洁。

金鱼纹柄式饼模

规格：29cm×10cm×2cm

赏析："金鱼"与"金玉"谐言，有金有玉还有余，寓意金玉满堂。

鲤鱼纹柄式饼模

规格：29cm×10cm×2cm

赏析：鲤鱼的象征意义很多，“鱼”与“余”同音，代表会有结余；“鲤”与“利”同音，象征生意中的收益和盈利。该饼模的鲤鱼图案生动灵活，摇头摆尾，鱼鳍鱼尾细节可辨。

团鱼纹柄式饼模

规格：19cm×11cm×3cm

赏析：鲤鱼有“鱼王”美称，民间常以“鲤鱼跳龙门”比喻飞黄腾达之吉兆。

猴纹柄式饼模

规格：20cm×8cm×2cm

赏析：猴子因聪明机智、调皮可爱而得到人们的普遍喜爱。由于“猴”与“侯”同音，从唐、宋开始，传统民俗便常以猴作为吉祥、显贵的象征，表示封侯之意。如一只猴子爬树上挂印，寓意“封侯挂印”；一只猴子骑在马背上，表示“马上封侯”；一只猴子骑在另一只猴的背上，取“辈辈封侯”之意。

羊鱼纹板式饼模

规格：21cm×8cm×3cm

赏析：该饼模雕刻细致，上为一只羊，下为一条鱼，鱼与羊组合，即为一个『鲜』字，表示糕饼馅鲜味甜。其中，因『羊』与『祥』及『阳』谐音，寓意吉祥和三阳开泰，是大吉之兆。

牛首纹陶制饼模

规格：8cm×6cm×3cm

赏析：牛是人们农业劳作的一宝，也是民间的保护神，后又演变为动物神。牛也是古代祭祀常用的三牲之一。

双鱼双钱纹板式饼模

规格：19cm×10cm×3cm

赏析：该饼模刀法细腻，纹饰丰富，主图为双钱与双鱼，其中铜钱象征财富，鱼象征富余，两者寓意富足有余。

狮鱼纹板式饼模

规格：24cm×10cm×3cm

赏析：该饼模纹路精致，活灵活现，前为狮子，后为鲤鱼，皆为瑞兽。其中，狮子象征权贵、勇猛，在民间有镇宅、护主、如意的寓意。

蝙蝠纹柄式饼模

规格：21cm×8cm×3cm

赏析：该饼模雕刻了一只蝙蝠，蝙蝠身上缀满细密的花纹。在民间信仰中，蝙蝠是福气和福运的象征，许多服饰、建筑、器皿等常常用蝙蝠造型作为装饰，五只蝙蝠则寓意“五福临门”。

鸡鱼纹板式饼模

规格：24cm×8cm×3cm

赏析：鸡是跟人类关系最为密切的禽类，因此被人们赋予了很多寓意，比如吉祥、镇邪。鸡又因早起司晨等动物属性，而被赋予了守信、准时、积极等象征意义。鱼也是人们常用的吉祥图案，“鲤鱼”和“利余”近音。该饼模雕刻了一只鸡和一条鱼，羽毛与鱼鳞清晰可辨，显出匠人之用心，连在一起便是吉（鸡）庆有余（鱼）的祝福。

银锭鲤鱼纹柄式饼模

规格：19cm×8cm×3cm

赏析：鱼以其形象生动有趣、命名谐音等缘故，以及繁殖能力强等特有属性，长期以来被人们所喜爱，其吉祥鱼鳞、鱼尾等是应用较多的中国传统图案，常被当作富余、美好的象征。银锭的『锭』与『定』谐音。该饼模上刻有银锭和鲤鱼，连在一起表示定有利余。

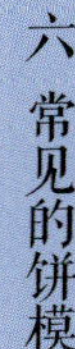

双蝶纹板式饼模

规格：21cm×8cm×3cm

赏析：蝴蝶图案对称、多彩，一直是人们喜爱的吉祥图案之一，又因“蝴”跟“福”谐音，所以被认为是福禄吉祥的象征。该饼模上雕刻的一对蝴蝶，造型轻巧别致，蝶翼的花纹、触角的线条各不相同，各得情致，有祝福比翼双飞之意。

燕子纹柄式饼模

规格：16cm×7cm×3cm

赏析：燕子自古以来就是长寿鸟、吉祥鸟，古称紫燕。燕子入家筑巢垒窝，寓意紫气东来，也表示人丁兴旺。该饼模雕刻了一只正在飞翔的燕子，形态灵巧可爱。

猴子抱桃纹柄式饼模

规格：17cm×7cm×3cm

赏析："猴"与"侯"同音，被古代文人士大夫赋予了"封侯"的寓意，常被用来象征官运亨通，有加官封侯之意。桃子则代表长寿健康。该饼模雕刻了一只猴子手抱寿桃，表示了飞黄腾达、长命百岁的愿望。

双鱼纹柄式饼模

规格：18cm×8cm×3cm

赏析：鱼是最常用的吉祥图案之一，“鱼”与“余”同音，又与“玉”近音，双鱼灵动，是吉庆的象征。该饼模带着浓郁的吉祥寓意和生活情趣，祈愿给家庭带来勃勃生机和年年有余的前景。

小鸟纹柄式饼模

规格：17cm×9cm×2cm

赏析：该饼模为阴刻模，使用时将饼模摁在饼坯上凸现出小鸟图案。

双桃八卦麒麟纹板式饼模

规格：22cm×8cm×3cm

赏析：该饼模刻有双寿桃（上刻『富贵』两字）、八瓣花八卦、麒麟三个吉祥图案。其中，麒麟象征仁慈祥和、高尚杰出；八卦最初是古代记事的符号，后来成为卜筮符号，人们常把八卦图作为驱灾迎吉的图案。

鲤鱼银锭寿桃纹板式饼模

规格：24cm×8cm×3cm

赏析：该饼模刻有鲤鱼、银锭、寿桃三个吉祥图案，纹路细致，每一孔中又配有多种吉祥纹饰。

七巧饼板式饼模

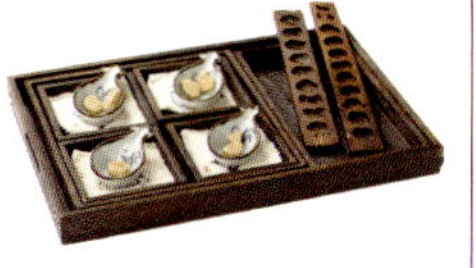

规格：32cm×6cm×2cm

赏析：该饼模为传统的七巧饼模，模孔小巧精致，在一模板上雕刻了蝴蝶、丝线、果实、鱼、莲蓬、蕉叶、树叶、灯笼等多个吉祥图案。其中，芭蕉叶叶大成荫，寓意德行好，可庇护终生。

鸳鸯鹿纹板式饼模

规格：17cm×7cm×2cm

赏析：该饼模雕刻精细，其中一孔为一对鸳鸯，上有方胜寓意同心，象征和睦同心。另一孔为一鹿与一蝙蝠，“鹿”与“禄”谐言，禄为古代官吏的俸给，“蝙蝠”寓意“福”，鹿与蝙蝠合在一起则象征福禄双全。

鱼狮纹板式饼模

规格：16cm×7cm×2cm

赏析：该饼模上下两孔，上为双鱼相伴而游，鱼身皆头大尾小；下为一幼狮，仰头摇尾。双鱼寓意吉庆有余，幼狮代表少师（古代官职），寓意富贵有爵。

菊花蝙蝠纹板式饼模

规格：22cm×7cm×2cm
赏析：该饼模刻有菊花、多只蝙蝠（寓意『多福』）等吉祥纹饰。

银锭纹板式饼模

规格：23cm×8cm×2cm

赏析：『银』与『赢』谐音，『锭』和『定』谐音，寓意一定富足，一定赢。

狮子莲蓬纹板式饼模

规格：22cm×9cm×3cm

赏析：莲蓬有清廉的含义，且象征多子多福。“狮”与太师、少师（古代官职）的“师”谐音，寓意做官清廉多福。该饼模雕工细腻，狮子灵动有生气。

喜鹊花卉纹板式饼模

规格：23cm×8cm×3cm

赏析：喜鹊是一种鸟，因其叫声婉转动听，加上名称中有“喜”字，代表着喜事临门，所以在中国民间，人们将喜鹊作为吉祥的象征，流传着“有鹊兆喜”的说法。该饼模上有两孔雕刻了喜鹊，一孔为喜鹊登枝，另一孔为喜鹊抱窝，还有一孔为吉祥花卉纹饰。

“二月二”多宝板式饼模

规格：42cm×8cm×5cm

赏析：该饼模双面雕刻，刀法简洁，图案精巧，为江南一带每年“二月二”打制七巧饼的模子，分别雕刻了童男、童女、仙女、狗、兔、牛、羊、马、鸡、双鱼、宝塔、宝鼎、宝瓶等22个吉祥图案，其中童男童女寓意子孙人丁兴旺，宝瓶寓意平安吉祥，双鱼寓意富贵有余。

如意寿龟纹花卉寿桃纹柄式饼模

规格：29cm×10cm×3cm

赏析：该饼模厚重沉手，正面雕刻了如意和寿龟纹，背面雕刻了花卉与寿桃纹。饼模两边侧面也都雕刻了吉祥图案，一面是鱼纹和吉祥文字纹，另一面则是钱串与花卉纹，满满的吉利祝福。

铜钱纹柄式饼模

规格： 29cm×20cm×4cm
赏析：该饼模的铜钱图案象征财富，兼具辟邪聚财聚气的寓意。

揭盖式馓模

规格：20cm×9cm×2cm

赏析：揭盖式馓模省料省工，一模两图，体现了民间的生活智慧。

花草蔬果类饼模

传统饼模作为中国民间艺术里的一朵奇葩，其常用的装饰花纹不仅题材丰富，技法巧妙，且“图必有意，意必吉祥”，不同的纹饰各有其独有的韵味。花卉纹样是人们在长期的劳动生产实践过程中总结出来的一种体现对美好生活向往的民间艺术。传统花卉果蔬纹样植根于民间本土文化，艺术形式上具有鲜明的中国特性，并富有丰富的象征寓意，比如牡丹被视为富贵花，石榴被视为象征多子的祥瑞之果。被人们喜爱的花卉果蔬纹饰有莲花、葡萄、苹果、荔枝、梅花、菊花、桃子等，其中葡萄还衍生出缠枝葡萄、婴戏葡萄等图案，均含多子多孙的寓意。

历代工匠们将自然界的花卉、果蔬原型进行艺术处理，使之图案化、程式化，运用于各时期、各地区的饼模上，表现风格有图案性与写实性两类，构图方法多样。

花卉纹柄式饼模

规格：23cm×12cm×2cm

赏析：该饼模浅刻了四个吉祥花卉图案，小巧别致。

叶子纹柄式饼模

规格：23cm×12cm×2cm

赏析：该饼模的叶子形状如常，但叶面左右各有不同，显出雕刻艺人的匠心。在古代民间，叶子寓意事业兴旺、家大业大或长青不败。

椭圆形吉祥花卉板式饼模

规格：32cm×7cm×2cm
赏析：吉祥花卉。

寿桃纹柄式饼模

规格：23cm×12cm×2cm

赏析：该饼模将蝴蝶、长青叶、寿字集于一个大寿桃中间，被赋予了贺寿祝福的寓意。

莲蓬纹柄式饼模

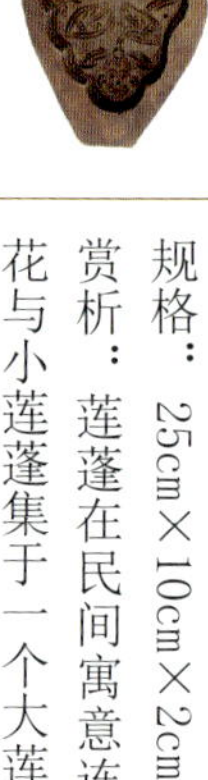

规格：25cm×10cm×2cm

赏析：莲蓬在民间寓意连生、多子。该饼模将莲花与小莲蓬集于一个大莲蓬之中，显得造型丰富。

花卉纹柄式饼模

规格：24cm×11cm×3cm

赏析：花卉与双桃寓意吉祥美好。

花卉纹柄式饼模

规格：26cm×11cm×4cm

赏析：该饼模花纹线条简约，花瓣盛开有层次。

花卉花篮纹板式饼模

规格：22cm×8cm×2cm

赏析：该饼模为两孔，上孔为花卉纹，下孔为花篮纹，寓意吉祥美好。

花卉纹板式饼模

规格：18cm×7cm×3cm

赏析：该饼模两孔皆为花朵纹，且花开繁复。

寿桃石榴纹板式饼模

规格：27cm×9cm×2cm

赏析：该饼模浅雕了一组双寿桃、一组双石榴，寓意长寿健康、多子多福。

荔枝纹板式饼模

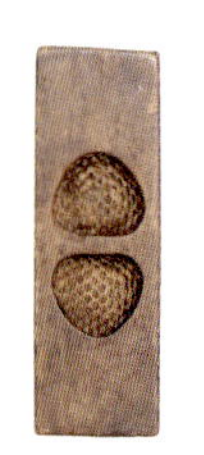

规格：15cm×5cm×2cm

赏析：南方多产荔枝，『荔枝』谐音『利枝』，故有『福利满枝头』之说。

向日葵纹柄式饼模

规格：20cm×9cm×2cm

赏析：该饼模雕刻了一朵向日葵花。这种饼模在使用时与其他饼模略有不同，糕饼不是在饼模里成形，而是将饼模在饼面上摁压成图。

寿桃纹柄式饼模

规格：20cm×9cm×2cm

赏析：寿桃用于贺寿，寓意健康多寿。

十八孔吉祥花卉板式饼模

规格：35cm×15cm×4cm

赏析：该饼模为深刻多孔，雕刻了枝叶、花卉、芭蕉及其他吉祥纹饰，规整耐看。

寿星八卦寿桃纹板式饼模

规格：15cm×5cm×2cm

赏析：该饼模为三孔，自上而下分别刻有寿星、八卦、双桃，寓意多寿、多吉。

花卉纹柄式饼模

规格：16cm×7cm×2 cm

赏析：旁边两朵小花在微风中摇曳多姿，中间一朵大花正含苞待放，枝叶花朵皆在随风起舞。

花卉纹板式饼模

规格：18cm×7cm×3cm
赏析：花朵纹饰虽各异，但美好的祝福一致。

花卉纹柄式饼模

规格：30cm×9cm×3cm

赏析：花朵纹饰雅致，极富创意及设计感。

花卉纹柄式饼模

规格：28cm×8cm×3cm

赏析：花朵纹，花枝姿态曼妙，寓意美好。

石榴莲蓬纹板式饼模

规格：17cm×7cm×3cm

赏析：该饼模雕刻了石榴、莲蓬、金叶三个图案。莲蓬、石榴皆多籽，而绿叶富有生命活力，分别寓意多子多福、连生贵子、生命之树常青。

花卉纹板式饼模

规格：21cm×7cm×3cm
赏析：花开富贵繁荣。

花卉纹板式饼模

规格：21cm×7cm×2 cm

赏析：花开吉祥。

花卉纹柄式饼模

规格：19cm×6cm×2 cm

赏析：花开如意，不同的花木被人们赋予不同的寓意，象征永恒、温馨、纯洁、爱意、团结、如意、顺利等。

蔬果杂宝双面板式饼模

规格：36cm×7cm×4cm

赏析：该饼模有正反两面，分别雕刻了鲤鱼、寿桃、花卉、小鸟、扇子、银锭、瑞兽、石榴、花篮等吉祥图案，为多宝多孔饼模。因使用年久，该饼模已呈现出一种油亮的暗黑色。

讲几个关于饼的故事

○桂饼文化博物馆馆长　薛春雄

糕饼

历史的千年遗珠

飘香的美食艺术

有模有样有味道

我们薛家到现在已经有五代人从事打饼这个行业，算得上是一个百年制饼世家了，制饼技艺也入选了非物质文化遗产名录。讲起打饼的故事，那是几箩筐也讲不完的。

晚清时期，我的高祖父薛善祥一家在广西桂平的社坡镇打饼，咸的鸡仔饼、甜的白糖糕、软的绿豆糕，做好了，就放在篮子里，盖上花布，提着到集市上沿街叫卖。要吆喝得精神饱满，有腔有调，吆喝得千户万户把门开。

“甜甜的白糖糕啰！”

“花糕咧，香甜花糕咧……”

街头巷尾的妇人、小孩只要听见，就会拢过来买。

20世纪初，我的曾祖父薛广益仍然在广西桂平社坡这个古镇上，开了小作坊，续用“善祥号”招牌，还是打饼——绿豆饼、糯米饼还有绿豆糕。绿豆糕是用佛教名山——西山流淌下来的泉水磨的，又细又滑又嫩，含在嘴里，一会儿就化了。糯米饼里有猪肉花生芝麻馅，闻着香，吃着韧，越嚼越香。淡绿色的绿豆饼，小巧精致，一个饼模打出6个绿豆饼，个个饼上都印着一个“桂”字。那时，桂平有民谣传唱：“善祥糕点，香又甜。祖传秘方，料不减。”说的就是我们薛家的糕点。年年中秋和春节前，我们家从早上就开始打糕、捏饼、烘饼，半个镇子都香遍，好多人每逢圩日就专门等着吃我们家的糕饼。

到了20世纪80年代，我父亲薛锦伦兄弟三人和我们全家迁到广西柳州，也还是打饼、卖饼。我从小就被人叫做“饼仔”，8岁就开始打饼了，敲饼、打饼累到睡着都是有的。那时，我每天骑着三轮车送饼，柳州的每一条大街小巷都走过。我父母人实在，总是身体力行教导我和弟弟妹妹 —“用心做人，用心做饼”、“馅不能放少了，糖不能少放了，火候要看好，和粉要均匀”、“做人跟做饼一样不要偷懒”。这些话，我们小时候听得耳朵起茧，现在才渐渐明白这是千金换不来的道理。

一晃眼又过10年。

三轮车换成摩托车了，照样还是要打饼。每到中秋和过年前，我们整夜都在敲饼、打米饼、炸麻通、炸白鸽蛋。

一到年节，一家人总是累得手都抬不起来。

我的父母是手艺人，不会说大道理，但他们一直在践行一种饼道精神——精选之道、精制之道、精焙之道、精味之道。这种饼道随着岁月流逝，渐渐地融入我的血液里，成为我做人、做饼、做事所必须遵循的方向和原则。

礼天、敬地、孝亲、爱人，糕饼是自古以来中国传统礼俗的载体之一。我就一直想着要开一家糕饼博物馆，也不枉祖辈几代人以打饼为生。

2013 年初开始着手建馆，前前后后折腾了一年，到上海、北京、陕西、福建等省（市）及区内各地，收集了 3000 个各式饼模，加上家传的那些老饼模。2013 年 11 月，就终于有了这家桂饼文化博物馆了。

我之所以创建这个博物馆，不仅仅是要追忆这些糕饼带给我们家族的酸甜苦辣时光，也是回顾中国千年糕饼文化的根，更要传承对千年制饼工艺技艺的一份敬意，这种敬意源自前人世世代代传递下来的生活艺术和文化智慧，这也是一种饼道。

我很庆幸做了糕饼这一行，这本身就是一个甜蜜的事业。

我也很希望将糕饼文化之美，传递到更多人的生活中，让吃糕饼、做糕饼这件事，变得更有趣、更美好。

这就是我们打饼人最朴素的愿望。

情感制作
柳州香小吃